KB204367

한글세대 관음경
한글세대 반야심경

한글세대 관음경
한글세대 반야심경

대역 : 한문과 우리말 가사체

무비·조현춘 공역

은주사

차례

관음경

觀音經
관 음 경

鳩摩羅什 漢文 譯
구 마 라 집 한 문 역

고려대장경 구마라집 한문역 묘법연화경 관세음보살보문
품을 저본으로 정리하였습니다. 그러나 약자는 정자로 바꾸
었고, 장과 절을 구분하여 독송이나 설법, 연구를 용이하게
하였습니다.

지금 대한민국에는 출처가 분명하지 않은 한문 관음경 /
불교경전들이 많이 유통되고 있습니다. 매우 죄송한 말씀이
지만, 확인해보았더니, 대한불교조계종 표준 한문 금강경에
는 140글자 이상의 오자가 있었고, 고려대장경연구소의
인터넷 금강경도 같았습니다. 우리는 참으로 자랑스러운
〈고려대장경〉을 가지고 있습니다. 경전을 출간할 때에는,
〈정확하기로 유명한 고려대장경〉을 활용하는 것이 옳다고
봅니다.

가사체 관음경

무비 · 조현춘 공역

관음경은 '일승사상을 나타내는 대승경전의 대표인 법화경(묘법연화경) 관세음보살보문품'을 말합니다. 관세음보살님은 세상의 모든 음성을 '같이 있으면서 듣고 보시는' 보살입니다. '생생하게 듣고 보시는' 보살입니다. 특히 사바세계 중생들이 괴로워할 때 모든 괴로움을 거두어 주시는 대비의 보살입니다.

법화경 중에서도 관세음보살보문품을 특히 많이 독송하는 이유는 〈관세음 보살!〉을 염송하면 일곱 가지 재난이 물러가고, 탐진치 삼독에서 벗어나며, 나아가 모든 소원이 이루어지기 때문입니다. 구마라집 한문 관음경 외의 여러 관음경을 참고하였기에 일부 대역이 서로 맞지 않을 수 있습니다.

淨口業眞言
정구업진언

수리수리 마하수리 수수리
사바하(세번)

五方內外安慰諸神眞言
오방내외안위제신진언

나무 사만다 못다남
옴 도로도로 지미 사바하(세번)

開法藏眞言[1]
개법장진언

無上甚深微妙法　百千萬劫難遭遇
무상심심미묘법　백천만겁난조우

我今聞見得受持　願解如來眞實義
아금문견득수지　원해여래진실의

옴 아라남 아라다(세번)

---

1 開經偈과 開法藏眞言은 따로 있었습니다. 그러나 다른 진언의 경우에는
개경게　개법장진언
거의 전부 偈/眞言이 같이 있습니다. 그리고 開經偈의 마지막 부분은 바로
게 진언　개경게
開法藏眞言을 그대로 번역한 것입니다. 또한 앞의 두 진언과의 일관성을
개법장진언
위해서 開經偈를 따로 두지 않고 開法藏眞言 앞부분에 둡니다.
개경게　개법장진언

입으로 지은 업을 씻어내는 진언

깨끗이~ 깨끗하게 참으로~ 깨끗하게
완전히~ 깨끗하게 깨끗이~ 살렵니다.
수리수리 마하수리 수수리 사바하(세번)

부처님과 성중님을 모셔오는 진언

일체모든 부처님~ 일체모든 성중님~
이자리에 편안하게 임하시어 주옵소서.
나무 사만다 못다남
옴 도로도로 지미 사바하(세번)

경전 독송 전의 진언

높디높고 깊디깊은 부처님말씀
백천만겁 지나가도 듣기힘든데
제가지금 보고들어 지니었으니
부처님의 진실한뜻 이루렵니다.
옴 아라남 아라다(세번)

觀音經
관음경

一. 法會因由分
일 법회인유분

①

爾時 無盡意菩薩 卽從座起 偏袒右肩
이시 무진의보살 즉종좌기 편단우견

合掌向佛 而作是言.
합장향불 이작시언

②

世尊, 觀世音菩薩 以何因緣 名觀世音?
세존 관세음보살 이하인연 명관세음

③

佛告無盡意菩薩. 善男子, 若有無量 百
불고무진의보살 선남자 약유무량 백

千萬億衆生 受諸苦惱 聞是觀世音菩薩
천만억중생 수제고뇌 문시관세음보살

一心稱名, 觀世音菩薩 卽時 觀其音聲
일심칭명 관세음보살 즉시 관기음성

가사체 관음경

1장 법회가 열린 배경

①

무진의~ 보살님이 자리에서 일어나서
오른어깨 드러내고 오른무릎 땅에꿇고
합장하고 부처님께 말씀드리 셨습니다.

②

거룩하신 부처님~ 거룩하신 부처님~
어찌하여 불자들이 온마음과 온몸으로
관세음~ 보살님을 염송하고 있습니까?

③

무진의~ 보살님~ 무진의~ 보살님~
여러가지 고통들을 겪고있던 중생들이
관세음~ 보살님을 일심으로 염송하면
중생수가 백명천명 만억명이 되더라도

④

皆得解脫.
개 득 해 탈

二. 七難
이   칠난

①

若有持是　觀世音菩薩名者　設入大火,
약 유 지 시　관 세 음 보 살 명 자　설 입 대 화

火不能燒　由是菩薩威神力故,
화 부 능 소　유 시 보 살 위 신 력 고

②

若爲大水所漂　稱其名號, 卽得淺處.
약 위 대 수 소 표　칭 기 명 호　즉 득 천 처

③

若有百千萬億衆生　爲求金銀琉璃　車㵏
약 유 백 천 만 억 중 생　위 구 금 은 유 리　자 거

馬瑙 珊瑚虎珀 眞珠等寶 入於大海,假使
마 노　산 호 호 박　진 주 등 보　입 어 대 해 가 사

관세음~ 보살님은 빠짐없이 듣습니다.

④

관세음~ 보살님을 일심으로 염송하면
모든고통 벗어나서 평온함을 누립니다.

2장 칠 난

①

큰불속에 들어가서 타죽게된 중생들이
관세음~ 보살님을 일심으로 염송하면
불속에서 벗어나서 평온함을 누립니다.

②

큰물속에 떠내려가 목숨잃을 중생들도
관세음~ 보살님을 일심으로 염송하면
얕은곳에 이르러서 평온함을 누립니다.

③

금은보화 구하려고 먼바다에 나갔다가

黑風吹其船舫 飄墮羅刹鬼國, 其中若有
흑풍 취기선방 표타나찰귀국 기중 약유

乃至一人 稱觀世音菩薩名者, 是諸人等
내지일인 칭관세음보살명자 시제인등

皆得解脫 羅刹之難 以是因緣 名觀世音.
개득해탈 나찰지난 이시인연 명관세음

④

若復有人 臨當被害 稱觀世音菩薩名者
약부유인 임당피해 칭관세음보살명자

彼所執刀杖 尋段段壞 而得解脫.
피소집도장 심단단괴 이득해탈

⑤

若三千大千國土 滿中夜叉羅刹 欲來惱
약삼천대천국토 만중야차나찰 욕래뇌

人 聞其稱觀世音菩薩名者, 是諸惡鬼
인 문기칭관세음보살명자 시제악귀

尚不能以惡眼視之 況復加害.
상불능이악안시지 황부가해

⑥

設復有人 若有罪 若無罪 杻械枷鎖 檢
설부유인 약유죄 약무죄 추계가쇄 검

태풍만나 나찰들에 잡히게된 중생들도
관세음~ 보살님을 일심으로 염송하면
위험에서 벗어나서 평온함을 누립니다.
④

칼에찔려 지금당장 목숨잃을 중생들도
관세음~ 보살님을 일심으로 염송하면
칼이산산 부러지고 자유로움 누립니다.
⑤

삼천대천 세계가득 많디많은 야차들과
나찰들과 귀신들이 괴롭히려 하다가도
관세음~ 보살님을 일심으로 염송하면
못해치며 나쁜마음 가지지도 못합니다.
⑥

죄짓거나 억울하게 몸이꽁꽁 묶이우고
손과발에 고랑차고 갇히게된 중생들도

繫其身 稱觀世音菩薩名者 皆悉斷壞 卽
계기신 칭관세음보살명자 개실단괴 즉

得解脫.
득해탈

⑦

若三千大千國土 滿中怨賊 有一商主 將
약삼천대천국토 만중원적 유일상주 장

諸商人 齎持重寶 經過嶮路, 其中一人
제상인 재지중보 경과험로 기중일인

作是唱言'諸善男子 勿得恐怖 汝等 應
작시창언 제선남자 물득공포 여등 응

當一心 稱觀世音菩薩名號 是菩薩 能以
당일심 칭관세음보살명호 시보살 능이

無畏 施於眾生 汝等 若稱名者 於此怨
무외 시어중생 여등 약칭명자 어차원

賊 當得解脫',眾商人聞 俱發聲言 南無
적 당득해탈 중상인문 구발성언 나무

觀世音菩薩 稱其名故 卽得解脫.
관세음보살 칭기명고 즉득해탈

⑧

無盡意, 觀世音菩薩摩訶薩 威神之力
무진의 관세음보살마하살 위신지력

관세음~ 보살님을 일심으로 염송하면
모든속박 벗어나서 자유로움 누립니다.
⑦
많은보물 가지고서 위험한길 가던상인
'삼천대천 국토가득 도둑들을 만났어도'
상인중의 한사람이 '두려워~ 마십시오.
관세음~ 보살님을 일심으로 염송하면
보살님이 우리들을 구하여~ 주십니다.
관세음~ 보살님을 일심으로 염송하면
무사히~ 벗어나게 됩니다~' 말을하고
이사람의 말을따라 상인들이 큰소리로
관세음~ 보살님을 일심으로 염송하면
위험에서 벗어나고 재물들을 지킵니다.
⑧
무진의~ 보살님~ 무진의~ 보살님~

巍巍如是
외 외 여 시

三. 三毒
삼   삼독

①

若有眾生 多於婬欲 常念恭敬 觀世音菩
약 유 중 생 다 어 음 욕 상 념 공 경 관 세 음 보

薩, 便得離欲.
살 변 득 이 욕

②

若多瞋恚 常念恭敬 觀世音菩薩, 便得
약 다 진 에 상 념 공 경 관 세 음 보 살 변 득

離瞋.
이 진

③

若多愚癡 常念恭敬 觀世音菩薩. 便得
약 다 우 치 상 념 공 경 관 세 음 보 살 변 득

離癡.
이 치

관세음~ 보살님을 일심으로 염송하면
이렇게도 많디많은 이로움을 누립니다.

3장 삼독

①

탐욕많은 중생들이 온마음과 온몸으로
관세음~ 보살님을 일심으로 염송하면
탐욕에서 벗어나서 자유로움 누립니다.

②

분노많은 중생들이 온마음과 온몸으로
관세음~ 보살님을 일심으로 염송하면
분노에서 벗어나서 평온함을 누립니다.

③

어리석은 중생들이 온마음과 온몸으로
관세음~ 보살님을 일심으로 염송하면
어리석음 벗어나서 지혜로움 누립니다.

④

無盡意, 觀世音菩薩 有如是等 大威神
무진의 관세음보살 유여시등 대위신

力 多所饒益.
력 다소요익

⑤

是故衆生 常應心念.
시고중생 상응심념

四. 念誦功德
사 염송공덕

①

若有女人 設欲求男 禮拜供養 觀世音菩
약유녀인 설욕구남 예배공양 관세음보

薩, 便生福德智慧之男.
살 변생복덕지혜지남

②

設欲求女 便生端正有相之女 宿植德本
설욕구녀 변생단정유상지녀 숙식덕본

④

무진의~ 보살님~ 무진의~ 보살님~

관세음~ 보살님을 일심으로 염송하면

이렇게도 많디많은 이로움을 누립니다.

⑤

일체모든 중생들이 온마음과 온몸으로

관세음~ 보살님을 염송토록 하십시오.

4장 염송의 공덕

①

아들낳길 소원하며 온마음과 온몸으로

관세음~ 보살님을 일심으로 염송하면

덕을많이 심어서~ 사랑받고 존경받고

복이있고 지혜있는 장한아들 낳습니다.

②

딸낳기를 소원하며 온마음과 온몸으로

衆人愛敬.
중인애경

③

無盡意, 觀世音菩薩 有如是力.
무진의　관세음보살　유여시력

④

若有衆生 恭敬禮拜 觀世音菩薩 福不唐捐,
약유중생 공경예배 관세음보살 복부당연

⑤

是故衆生 皆應受持 觀世音菩薩名號.
시고중생　개응수지　관세음보살명호

⑥

無盡意, 若有人 受持六十二億 恒河沙
무진의　약유인 수지육십이억　강가사

菩薩名字 復盡形 供養飮食衣服 臥具
보살명자 부진형 공양음식의복　와구

관세음~ 보살님을 일심으로 염송하면
덕을많이 심어서~ 사랑받고 존경받는
단정하고 아름다운 예쁜딸을 낳습니다.

③

무진의~ 보살님~ 무진의~ 보살님~
관세음~ 보살님을 일심으로 염송하면
이렇게도 많디많은 이로움을 누립니다.

④

관세음~ 보살님을 찬양찬탄 예경하고
염송하며 지은복은 없어지지 않습니다.

⑤

일체모든 중생들이 온마음과 온몸으로
관세음~ 보살님을 염송토록 하십시오.

⑥

무진의~ 보살님~ 어찌생각 하십니까?
육십이억 강가강의 모래알과 같은수의

醫藥, 於汝意云何, 是善男子善女人 功
의약　어여의운하　시선남자선여인　공

德多不?
덕다부

⑦

無盡意言. 甚多世尊.
무진의언　심다세존

⑧

佛言 若復有人 受持觀世音菩薩名號 乃
불언 약부유인 수지관세음보살명호 내

至一時 禮拜供養. 是二人福 正等無異
지일시 예배공양　시이인복　정등무이

於百千萬億劫 不可窮盡.
어백천만억겁　불가궁진

⑨

無盡意, 受持觀世音菩薩名號 得如是
무진의　수지관세음보살명호　득여시

無量無邊 福德之利.
무량무변　복덕지리

보살님의 명호들을 일심으로 염송하며
음식이나 의복이나 침구의약 보시하는
선남자와 선여인이 짓는복은 많습니까?
⑦
많습니다. 부처님~ 매우매우 많습니다.
⑧
무진의~ 보살님~ 무진의~ 보살님~
관세음~ 보살님을 염송예배 공양하는
선남자와 선여인이 짓게되는 복덕들은
앞사람이 짓게되는 복덕들과 꼭같으며
천만억겁 지나가도 없어지지 않습니다.
⑨
무진의~ 보살님~ 무진의~ 보살님~
관세음~ 보살님을 일심으로 염송하면
한량없고 끝이없는 많은복을 누립니다.

五. 說法方便
오 설법방편

①

無盡意菩薩 白佛言. 世尊, 觀世音菩薩
무진의보살 백불언 세존 관세음보살

云何 遊此娑婆世界, 云何 而爲衆生說
운하 유차사바세계 운하 이위중생설

法 方便之力, 其事云何?
법 방편지력 기사운하

②

佛告無盡意菩薩, 善男子, 若有國土衆
불고무진의보살 선남자 약유국토중

生 應以佛身 得度者 觀世音菩薩 卽現
생 응이불신 득도자 관세음보살 즉현

佛身 而爲說法.
불신 이위설법

③

應以辟支佛身 得度者 卽現辟支佛身 而
응이벽지불신 득도자 즉현벽지불신 이

爲說法.
위설법

④

應以聲聞身 得度者 卽現聲聞身 而爲說法.
응이성문신 득도자 즉현성문신 이위설법

①

거룩하신 부처님~ 거룩하신 부처님~

관세음~ 보살님은 사바세계 중생위해

어떠한~ 방편으로 설법하고 계십니까?

②

무진의~ 보살님~ 무진의~ 보살님~

부처님이 제도할~ 중생들을 위해서는

부처님의 모습으로 나투어서 설법하고,

③

벽지불이 제도할~ 중생들을 위해서는

벽지불의 모습으로 나투어서 설법하고,

④

성문이~ 제도할~ 중생들을 위해서는

성문의~ 모습으로 나투어서 설법하고,

⑤

應以梵王身 得度者 卽現梵王身 而爲說法.
응 이 범 왕 신 득 도 자 즉 현 범 왕 신 이 위 설 법

⑥

應以帝釋身 得度者 卽現帝釋身 而爲說法.
응 이 제 석 신 득 도 자 즉 현 제 석 신 이 위 설 법

⑦

應以自在天身 得度者 卽現自在天身 而
응 이 자 재 천 신 득 도 자 즉 현 자 재 천 신 이

爲說法.
위 설 법

⑧

應以大自在天身 得度者 卽現大自在天
응 이 대 자 재 천 신 득 도 자 즉 현 대 자 재 천

身 而爲說法.
신 이 위 설 법

⑨

應以天大將軍身 得度者 卽現天大將軍
응 이 천 대 장 군 신 득 도 자 즉 현 천 대 장 군

身 而爲說法.
신 이 위 설 법

⑤

범천왕이 제도할~ 중생들을 위해서는

범천왕의 모습으로 나투어서 설법하고,

⑥

제석천이 제도할~ 중생들을 위해서는

제석천의 모습으로 나투어서 설법하고,

⑦

자재천이 제도할~ 중생들을 위해서는

자재천의 모습으로 나투어서 설법하고,

⑧

대자재천 제도할~ 중생들을 위해서는

대자재천 모습으로 나투어서 설법하고,

⑨

대장군이 제도할~ 중생들을 위해서는

대장군의 모습으로 나투어서 설법하고,

應以毘沙門身 得度者 卽現毘沙門身 而
응 이 비 사 문 신 득 도 자 즉 현 비 사 문 신 이

爲說法.
위 설 법

⑪

應以小王身 得度者 卽現小王身 而爲說法.
응 이 소 왕 신 득 도 자 즉 현 소 왕 신 이 위 설 법

⑫

應以長者身 得度者 卽現長者身 而爲說法.
응 이 장 자 신 득 도 자 즉 현 장 자 신 이 위 설 법

⑬

應以居士身 得度者 卽現居士身 而爲說法.
응 이 거 사 신 득 도 자 즉 현 거 사 신 이 위 설 법

⑭

應以宰官身 得度者 卽現宰官身 而爲說法.
응 이 재 관 신 득 도 자 즉 현 재 관 신 이 위 설 법

⑩

비사문이 제도할~ 중생들을 위해서는

비사문의 모습으로 나투어서 설법하고,

⑪

황제가~ 제도할~ 중생들을 위해서는

황제의~ 모습으로 나투어서 설법하고,

⑫

부자가~ 제도할~ 중생들을 위해서는

부자의~ 모습으로 나투어서 설법하고,

⑬

거사가~ 제도할~ 중생들을 위해서는

거사의~ 모습으로 나투어서 설법하고,

⑭

관료가~ 제도할~ 중생들을 위해서는

관료의~ 모습으로 나투어서 설법하고,

⑮

應以婆羅門身 得度者 卽現婆羅門身 而
응 이 바 라 문 신　득 도 자　즉 현 바 라 문 신　이

爲說法.
위 설 법

⑯

應以比丘比丘尼 優婆塞優婆夷身 得度
응 이 비 구 비 구 니　우 바 새 우 바 이 신　득 도

者 卽現比丘比丘尼 優婆塞優婆夷身 而
자　즉 현 비 구 비 구 니　우 바 새 우 바 이 신　이

爲說法.
위 설 법

⑰

應以長者居士 宰官婆羅門婦女身 得度
응 이 장 자 거 사　재 관 바 라 문 부 녀 신　득 도

者 卽現婦女身 而爲說法.
자　즉 현 부 녀 신　이 위 설 법

⑱

應以童男童女身 得度者 卽現童男童女
응 이 동 남 동 녀 신　득 도 자　즉 현 동 남 동 녀

身 而爲說法.
신　이 위 설 법

귀족이~ 제도할~ 중생들을 위해서는
귀족의~ 모습으로 나투어서 설법하고,

⑯

남자스님 여자스님 남자신도 여자신도
사부대중 제도할~ 중생들을 위해서는
남자스님 여자스님 남자신도 여자신도
사부대중 모습으로 나투어서 설법하고,

⑰

부자아내 거사아내 관료아내 귀족아내
아내들이 제도할~ 중생들을 위해서는
부자아내 거사아내 관료아내 귀족아내
아내들의 모습으로 나투어서 설법하고,

⑱

소년소녀 제도할~ 중생들을 위해서는
소년소녀 모습으로 나투어서 설법하고,

⑲

應以天 龍 夜叉 乾闥婆 阿修羅 迦樓羅
응 이 천 룡 야 차 건 달 바 아 수 라 가 루 라

緊那羅 摩睺羅伽 人非人等身 得度者
긴 나 라 마 후 라 가 인 비 인 등 신 득 도 자

卽皆現之 而爲說法.
즉 개 현 지 이 위 설 법

⑳

應以執金剛神 得度者 卽現執金剛神 而
응 이 집 금 강 신 득 도 자 즉 현 집 금 강 신 이

爲說法.
위 설 법

六. 中間結論
육 중 간 결 론

①

無盡意, 是觀世音菩薩 成就如是功德
무 진 의 시 관 세 음 보 살 성 취 여 시 공 덕

以種種形 遊諸國土 度脫眾生.
이 종 종 형 유 제 국 토 도 탈 중 생

②

是故 汝等 應當一心供養觀世音菩薩.
시 고 여 등 응 당 일 심 공 양 관 세 음 보 살

팔부신중 제도할~ 중생들을 위해서는
팔부신중 모습으로 나투어서 설법하고,

⑳

집금강신 제도할~ 중생들을 위해서는
집금강신 모습으로 설법하고 계십니다.

6장 중간 결론

①

무진의~ 보살님~ 무진의~ 보살님~
관세음~ 보살님은 이런일을 하십니다.
가지가지 모습으로 여러국토 다니면서
일체모든 중생들을 고통에서 구합니다.

②

일체모든 중생들이 지극한~ 정성으로
관세음~ 보살님께 공양토록 하십시오.

③

是 觀 世 音 菩 薩 摩 訶 薩　　於 怖 畏 急 難 之 中
시 관 세 음 보 살 마 하 살　　어 포 외 급 난 지 중

能 施 無 畏. 是 故　此 娑 婆 世 界　皆 號 之 爲
능 시 무 외　　시 고　차 사 바 세 계　개 호 지 위

施 無 畏 者.
시 무 외 자

④

無 盡 意 菩 薩　白 佛 言. 世 尊, 我 今 當 供 養
무 진 의 보 살　백 불 언　세 존　아 금 당 공 양

觀 世 音 菩 薩.
관 세 음 보 살

⑤

卽 解 頸　衆 寶 珠 瓔 珞　價 値 百 千 兩 金 而 以
즉 해 경　중 보 주 영 락　가 치 백 천 량 금 이 이

與 之　作 是 言. 仁 者, 受 此 法 施　珍 寶 瓔 珞.
여 지　작 시 언　인 자　수 차 법 시　진 보 영 락

⑥

時 觀 世 音 菩 薩　不 肯 受 之, 無 盡 意　復 白 觀
시 관 세 음 보 살　불 긍 수 지　무 진 의　부 백 관

일체모든 고통들을 완전히~ 없애주어,

사바세계 중생들은 관세음~ 보살님을

평화안정 주시는~ 분이라고 말합니다.

거룩하신 부처님~ 거룩하신 부처님~

관세음~ 보살님께 공양올리 겠습니다.

무진의~ 보살님이 목과팔에 걸고있던

참으로~ 값나가는 목걸이와 팔찌들을

공손하게 올리면서 말씀하시 었습니다.

대비심의 성현이신 관세음~ 보살님~

저희들의 목걸이와 팔찌받아 주십시오.

관세음~ 보살님이 받으려고 않으시자

다시한번 간절하게 간청하시 었습니다.

世音菩薩言. 仁者, 愍我等故 受此瓔珞.
세음보살언　인자　민아등고　수차영락

⑦

爾時 佛告. 觀世音菩薩, 當愍 此無盡意
이시 불고 관세음보살　당민 차무진의

菩薩 及 四衆 天 龍 夜叉 乾闥婆 阿修羅
보살 급 사중 천 룡 야차 건달바 아수라

迦樓羅 緊那羅 摩睺羅伽 人非人等故
가루라 긴나라 마후라가 인비인등고

受是瓔珞.
수시영락

⑧

卽時 觀世音菩薩 愍諸四衆 及 於天 龍
즉시 관세음보살 민제사중 급 어천 룡

人非人等 受其瓔珞 分作二分 一分 奉
인비인등 수기영락 분작이분 일분 봉

釋迦牟尼佛 一分 奉多寶佛塔.
석가모니불 일분 봉다보불탑

40

대비심의 성현이신 관세음~ 보살님~
여기있는 저희들을 불쌍히~ 여기시어
저희들의 목걸이와 팔찌받아 주십시오.

⑦

거룩하신 부처님이 말씀하시 었습니다.
대비심의 성현이신 관세음~ 보살님~
무진의~ 보살님과 남자스님 여자스님
남자신도 여자신도 팔부신중 위하여서
목걸이와 팔찌들을 받아들여 주십시오.

⑧

부처님의 말씀듣고 관세음~ 보살님이
대중위해 목걸이와 팔찌들을 받아들여
절반은~ 석가모니 부처님께 올리시고
절반은~ 다보탑에 공양하시 었습니다.

⑨

無盡意, 觀世音菩薩 有如是自在神力
무진의 관세음보살 유여시자재신력

遊於娑婆世界.
유어사바세계

七. 偈頌
칠 게송

①

爾時 無盡意菩薩 以偈問曰
이시 무진의보살 이게문왈

世尊妙相具 我今重問彼
세존묘상구 아금중문피

佛子何因緣 名爲觀世音
불자하인연 명위관세음

②

具足妙相尊 偈答無盡意
구족묘상존 게답무진의

汝聽觀音行 善應諸方所
여청관음행 선응제방소

42

⑨

무진의~ 보살님~ 무진의~ 보살님~
관세음~ 보살님은 사바세계 다니면서
일체모든 고통중생 빠짐없이 구합니다.

7장 게송

①

무진의~ 보살님이 게송부르 셨습니다.
거룩하신 부처님~ 거룩하신 부처님~
다시한번 저희에게 설법하여 주옵소서.
어찌하여 불자들이 온마음과 온몸으로
관세음~ 보살님을 일심염송 하는지를.

②

무진의~ 보살님~ 무진의~ 보살님~
대비심의 성현이신 관세음~ 보살님은
사바세계 곳곳마다 한곳도~ 빠짐없이

③

弘誓深如海　歷劫不思議
홍 서 심 여 해　역 겁 부 사 의

侍多千億佛　發大淸淨願
시 다 천 억 불　발 대 청 정 원

④

我爲汝略說　聞名及見身
아 위 여 약 설　문 명 급 견 신

心念不空過　能滅諸有苦
심 념 불 공 과　능 멸 제 유 고

⑤

假使興害意　推落大火坑
가 사 흥 해 의　추 락 대 화 갱

念彼觀音力　火坑變成池
염 피 관 음 력　화 갱 변 성 지

중생위해 설법하러 다니시고 계십니다.

③

상상조차 할수없이 기나긴~ 세월동안
백천만억 부처님을 받들어~ 모시면서
바다같이 깊디깊고 넓디넓은 발원세워
하나하나 빠짐없이 모두이루 셨습니다.

④

요약하여 보살님께 말씀드리 겠습니다.
관세음~ 보살님의 행적들을 듣고보고
관세음~ 보살님을 일심으로 염송하면
모든고통 벗어나서 평온함을 누립니다.

⑤

해치려는 많디많은 사람들에 떠밀리어
깊디깊은 불구덩에 떨어지게 되었을때
관세음~ 보살님을 일심으로 염송하면

⑥

或漂流巨海　龍魚諸鬼難
혹 표 류 거 해　용 어 제 귀 난

念彼觀音力　波浪不能沒
염 피 관 음 력　파 랑 불 능 몰

⑦

或在湏彌峯　爲人所推墮
혹 재 수 미 봉　위 인 소 추 타

念彼觀音力　如日虛空住
염 피 관 음 력　여 일 허 공 주

⑧

或被惡人逐　墮落金剛山
혹 피 악 인 축　타 락 금 강 산

念彼觀音力　不能損一毛
염 피 관 음 력　불 능 손 일 모

불구덩이 변하여서 연못을~ 이룹니다.

⑥

먼바다에 나갔다가 태풍속에 표류되어
가지가지 바다귀신 만나게~ 되었을때
관세음~ 보살님을 일심으로 염송하면
성난파도 이사람을 삼키지~ 못합니다.

⑦

험준하고 높디높은 수미산의 봉우리서
떠밀리어 천길만길 떨어지게 되었을때
관세음~ 보살님을 일심으로 염송하면
해와같이 달과같이 허공중에 머뭅니다.

⑧

금강같이 단단하고 산과같이 큰운석이
벼락처럼 머리위에 쏟아지려 할때에도
관세음~ 보살님을 일심으로 염송하면

⑨

或値怨賊繞 各執刀加害
혹 치 원 적 요　각 집 도 가 해

念彼觀音力 咸卽起慈心
염 피 관 음 력　함 즉 기 자 심

⑩

或遭王難苦 臨刑欲壽終
혹 조 왕 난 고　임 형 욕 수 종

念彼觀音力 刀尋段段壞
염 피 관 음 력　도 심 단 단 괴

⑪

或囚禁枷鎖 手足被杻械
혹 수 금 가 쇄　수 족 피 추 계

念彼觀音力 釋然得解脫
염 피 관 음 력　석 연 득 해 탈

털끝만한 상처하나 생기지~ 않습니다.

⑨

험악하기 그지없는 도둑떼의 무리들이
창과칼을 높이들고 위협하며 달려들때
관세음~ 보살님을 일심으로 염송하면
도둑들이 자비로운 마음을~ 갖습니다.

⑩

어렵고도 어려운~ 난관속에 처하여서
형장에서 칼에맞아 목숨잃게 되었을때
관세음~ 보살님을 일심으로 염송하면
칼이산산 조각나서 목숨잃지 않습니다.

⑪

죄짓거나 억울하게 몸이꽁꽁 묶이고서
손과발에 고랑차고 구속되어 있을때에
관세음~ 보살님을 일심으로 염송하면

⑫

呪詛諸毒藥　所欲害身者
주 저 제 독 약　소 욕 해 신 자

念彼觀音力　還着於本人
염 피 관 음 력　환 착 어 본 인

⑬

或遇惡羅刹　毒龍諸鬼等
혹 우 악 나 찰　독 룡 제 귀 등

念彼觀音力　時悉不敢害
염 피 관 음 력　시 실 불 감 해

⑭

若惡獸圍遶　利牙爪可怖
약 악 수 위 요　이 아 조 가 포

念彼觀音力　疾走無邊方
염 피 관 음 력　질 주 무 변 방

50

감옥에서 벗어나서 자유로움 누립니다.

⑫

주술로써 저주하고 온갖독약 먹게하고
가지가지 방법으로 해치려고 할때에도
관세음~ 보살님을 일심으로 염송하면
어떤것도 이사람을 해치지~ 못합니다.

⑬

나쁜마음 가지고서 달려드는 나찰이나
독을품고 해치려는 귀신들을 만났을때
관세음~ 보살님을 일심으로 염송하면
어느것도 이사람을 해치지~ 못합니다.

⑭

해치려는 짐승들이 겹겹으로 에워싸고
날카로운 이빨이나 발톱으로 위협할때
관세음~ 보살님을 일심으로 염송하면

⑮

蚖蛇及蝮蝎　氣毒煙火燃
완 사 급 복 갈　기 독 연 화 연

念彼觀音力　尋聲自迴去
염 피 관 음 력　심 성 자 회 거

⑯

雲雷鼓掣電　降雹澍大雨
운 뢰 고 체 전　강 박 주 대 우

念彼觀音力　應時得消散
염 피 관 음 력　응 시 득 소 산

⑰

衆生被困厄　無量苦逼身
중 생 피 곤 액　무 량 고 핍 신

觀音妙智力　能救世間苦
관 음 묘 지 력　능 구 세 간 고

악한짐승 달아나며 근처에도 못옵니다.
⑮
살모사나 독사전갈 가지가지 해충들이
독한기운 뿜어대며 덤비려고 할때에도
관세음~ 보살님을 일심으로 염송하면
모든해충 사라져서 평온함을 누립니다.
⑯
먹구름이 크게일어 천둥번개 벼락치고
우박들이 쏟아지고 장대같은 비가올때
관세음~ 보살님을 일심으로 염송하면
모든것이 사라져서 평온함을 누립니다.
⑰
중생들이 가지가지 괴로움과 재앙만나
한량없이 많디많은 고통들을 겪을때에
오묘하신 지혜로써 중생들의 고통들을

⑱

具足神通力　廣修智方便
구족신통력　광수지방편

十方諸國土　無刹不現身
시방제국토　무찰불현신

⑲

種種諸惡趣　地獄鬼畜生
종종제악취　지옥귀축생

生老病死苦　以漸悉令滅
생로병사고　이점실영멸

八. 無盡意 讚嘆
팔　무진의　찬탄

①

眞觀淸淨觀　廣大智慧觀
진관청정관　광대지혜관

悲觀及慈觀　常願常瞻仰
비관급자관　상원상첨앙

관세음~ 보살님은 빠짐없이 없앱니다.

⑱

신통력을 빠짐없이 온전하게 갖추시고
지혜방편 두루닦은 관세음~ 보살님은
시방세계 모든국토 빠뜨리지 아니하고
자비로운 모습으로 두루두루 나툽니다.

⑲

삼악도를 끊임없이 돌고돌며 윤회하는
지옥아귀 축생계의 중생들이 겪고있는
생노병사 가지가지 일체모든 고통들을
관세음~ 보살님은 빠짐없이 없앱니다.

8장 무진의 보살의 찬탄

①

진실하고 청정하고 깨끗하게 보시는눈
현명하고 슬기롭고 지혜롭게 보시는눈

②

無垢清淨光　慧日破諸闇
무 구 청 정 광　혜 일 파 제 암

能伏災風火　普明照世間
능 복 재 풍 화　보 명 조 세 간

③

悲體戒雷震　慈意妙大雲
비 체 계 뢰 진　자 의 묘 대 운

澍甘露法雨　滅除煩惱焰
주 감 로 법 우　멸 제 번 뇌 염

④

諍訟經官處　怖畏軍陣中
쟁 송 경 관 처　포 외 군 진 중

念彼觀音力　衆怨悉退散
염 피 관 음 력　중 원 실 퇴 산

슬픔기쁨 함께하며 자비롭게 보시는눈
관세음~ 보살님을 일심염송 하렵니다.

②

더러움이 전혀없는 깨끗하신 빛이시며
어두움이 전혀없는 지혜로운 태양이신
관세음~ 보살님은 불과바람 잠재우고
모든세상 만물들을 빠짐없이 밝힙니다.

③

대비심의 마음으로 고통들을 없애주고
대자심의 마음으로 기쁨들을 일으키려
관세음~ 보살님은 감로같은 법비내려
모든번뇌 타는불길 소멸하게 하십니다.

④

모함으로 억울하게 재판걸려 어렵거나
모진세월 전쟁나서 목숨까지 위험할때

⑤

妙音觀世音　梵音海潮音
묘 음 관 세 음　범 음 해 조 음

勝彼世間音　是故湏常念
승 피 세 간 음　시 고 수 상 념

⑥

念念勿生疑　觀世音淨聖
염 염 물 생 의　관 세 음 정 성

於苦惱死厄　能爲作依怙
어 고 뇌 사 액　능 위 작 의 호

⑦

具一切功德　慈眼視衆生
구 일 체 공 덕　자 안 시 중 생

福聚海無量　是故應頂禮
복 취 해 무 량　시 고 응 정 례

관세음~ 보살님을 일심으로 염송하면
모함전쟁 벗어나서 평온함을 누립니다.
⑤

파도같이 우렁차며 범음같이 아름다운
관세음~ 보살님의 오묘하신 설법소리
시방삼세 온세상에 두루두루 충만하니
관세음~ 보살님의 설법항상 듣습니다.
⑥

고통번뇌 죽음액난 빠짐없이 없애주는
대비심의 거룩하신 관세음~ 보살님~
관세음~ 보살님을 의심하지 아니하고
온마음과 온몸으로 일심염송 하렵니다.
⑦

모든공덕 빠짐없이 두루두루 갖추시고
중생들을 빠짐없이 자비롭게 보살피며

九. 總結
구　총결

①

爾時 持地菩薩 卽從座起 前白佛言. 世
이시　지지보살　즉종좌기　전백불언　세

尊, 若有衆生 聞是觀世音菩薩品 自在
존　약유중생　문시관세음보살품　자재

之業 普門示現 神通力者, 當知 是人功
지업　보문시현　신통력자　당지　시인공

德不少.
덕불소

②

佛說是普門品時 衆中 八萬四千衆生 皆
불설시보문품시　중중　팔만사천중생　개

發無等等 阿耨多羅三藐三菩提心.
발무등등　아누다라삼먁삼보리심

〈鳩摩羅什 漢文 譯 觀音經 終〉
구마라집　한문　역　관음경　종

무량복을 나눠주는 관세음~ 보살님께
고개숙여 일심으로 예배공경 하렵니다.

9장 총결론

①

지~지~ 보살님이 자리에서 일어나서
합장하고 부처님께 말씀드리 셨습니다.
거룩하신 부처님~ 관음경을 읽고들어
관세음~ 보살님의 자유자재 신통력을
믿는모든 사람들이 누리게될 공덕들은
상상조차 못할만큼 매우매우 많습니다.

②

부처님이 관음경을 모두모두 설하시니,
팔만사천 중생들이 한중생도 빠짐없이
최고바른 깨달음의 마음을~ 냈습니다.

〈가사체 관음경 끝〉

觀音菩薩精勤
관 음 보 살 정 근

南無   普門示現   願力弘深
나 무   보 문 시 현   원 력 홍 심

大慈大悲   救苦救難
대 자 대 비   구 고 구 난

'觀世音菩薩 …   觀世音菩薩 …'
관 세 음 보 살   관 세 음 보 살

滅業障眞言
멸 업 장 진 언

옴 아르늑계 사바하(세번)

具足神通力   廣修智方便[2]
구 족 신 통 력   광 수 지 방 편

十方諸國土   無刹不現身
시 방 제 국 토   무 찰 불 현 신

故我一心   歸命頂禮
고 아 일 심   귀 명 정 례

---

2 일부 의식집에는 廣修諸方便으로 되어 있으나 유통되고 있는 모든 관음경
7장 ⑱절에는 본문과 같습니다.

가사체 관세음 보살님 정근

모든곳에 빠짐없이 항상계시며
바다보다 깊고넓은 원력으로써
대자대비 모든고난 없애주시는
관세음~ 보살님을 염송합니다.

관세음 보살~(여러 번)

업장을 소멸하는 진언

옴 아르늑계 사바하(세번)

신통력을 빠짐없이 모두갖추고
지혜방편 두루닦은 관세음보살
시방세계 모든국토 빠뜨리잖고
자비로운 모습으로 나투옵니다.

관세음~ 보살님께 일심귀의 하옵니다.

반야심경

(摩訶) 般若派羅蜜多心經
마 하   반 야 바 라 밀 다 심 경

玄奘 漢文 譯
현 장   한 문   역

반야심경 한문본은 여러 종이 전해지고 있습니다.

1) 현장 한문역 반야바라밀다심경(약본)

2) 구마라집 한문역 마하반야바라밀대명주경(약본)

3) 반야 · 이언 한문공역 반야바라밀다심경(광본)

4) 법월 한문 중역 보편지장반야바라밀다심경(광본)

5) 법월 한문역 반야바라밀다심경(광본)

6) 의정 한문역 불설반야바라밀다심경(약본)

7) 지혜륜 한문역 반야바라밀다심경(광본)

8) 시호 한문역 반야바라밀다심경(광본)

중국 한문식 음사 반야심경도 있고, 중국에서 전해지고 있는 범어본 반야심경도 있으며, 최근에는 이기영이 범어본을 바로 소개하기도 하였고, Conze의 범어본도 소개되고 있습니다.

가사체 반야심경

무비 · 조현춘 공역

앞 쪽의 한문 반야심경 8본과 산스끄리뜨어 광본/약본 반야심경을 참고하여 번역하면서 다음과 같은 결론을 내렸습니다.

①절 : 청담스님께서도 지적하셨고, 광본에도 있듯이, 반야심경의 설주는 관세음보살입니다. 따라서, ①절은 '관자재보살이.......건너느니라'에 이어서 '이렇게 건넌 관자재 보살이 사리불에게 말하였다'라는 말이 있어야 합니다.

②절 : 저를 '조현춘이여!'라고 않고, '조현춘 교수님!'이라고 합니다. 따라서 '사리자여'라고 하는 것보다는 '사리불 장로님'이라고 하는 것이 낫습니다.

③절 : 범어본과 일부 한문본에는 '色不異空 空不異色' 앞에 色性是空 空性是色(법월 중역: 대상있음 공함있고 공함있음 대상있오/충분조건)이 있습니다.

④절 이하 : 금강경의 요약이 반야심경이라는 관점에서 금강경 논리에 따라 우리말로 번역하였습니다.

* 다음까페 가사체금강경; 가사체경전; 43번 반야심경 참고.

摩訶般若波羅蜜多心經
마 하 반 야 바 라 밀 다 심 경

①

觀自在菩薩 行深般若波羅蜜多時 照見
관 자 재 보 살 행 심 반 야 바 라 밀 다 시 조 견

五蘊皆空 度一切苦厄
오 온 개 공 도 일 체 고 액

②

舍利子
사 리 자

③

色不異空 空不異色 色卽是空 空卽是色
색 불 이 공 공 불 이 색 색 즉 시 공 공 즉 시 색

④

受想行識 亦復如是
수 상 행 식 역 부 여 시

⑤

舍利子
사 리 자

가사체 반야심경

마하반야 바라밀을 깊이깊이 수행하여

오온모두 공함보고 모든고통 벗어나신

관세음~ 보살님이 말씀하시 었습니다.

②

사리불~ 장로님~ 사리불~ 장로님~

③

대상있음 공함있고 공함있음 대상있오.

대상없음 공함없고 공함없음 대상없오.

대상이곧 공함이고 공함이곧 대상이오.

④

느낌생각 행동인식 역시같다 할수있오.

⑤

사리불~ 장로님~ 사리불~ 장로님~

⑥

是諸法空相 不生不滅 不垢不淨 不增不
시 제 법 공 상　불 생 불 멸　불 구 부 정　부 증 불

滅
감

⑦

是故　空中
시 고　공 중

⑧

無色　無受想行識
무 색　무 수 상 행 식

⑨

無眼耳鼻舌身意
무 안 이 비 설 신 의

⑩

無色聲香味觸法
무 색 성 향 미 촉 법

⑪

無眼界 乃至　無意識界
무 안 계　내 지　무 의 식 계

⑥

이세상의 모든것은 하나같이 공하다오.

생겨남과 없어짐에 걸려들지 아니하고

더러움과 깨끗함에 걸려들지 아니하고

늘어남과 줄어듦에 걸려들지 마십시오.

⑦

이리하여 공적함을 온전하게 이룩하면

⑧

어떤대상 어떤느낌 어떤생각 어떤행동

어떤인식 어디에도 걸려들지 아니하오.

⑨

눈과귀와 코혀몸뜻 어디에도 안걸리고

⑩

형상소리 냄새맛촉 현상에도 안걸리고

⑪

눈의세계 귀의세계 코의세계 혀의세계

⑫
無無明 亦無無明盡 乃至 無老死 亦無
무 무 명　역 무 무 명 진　내 지　무 노 사　역 무

老死盡
노 사 진

⑬
無苦集滅道
무 고 집 멸 도

⑭
無智亦無得 以無所得故 菩提薩埵 依般
무 지 역 무 득　이 무 소 득 고　보 리 살 타　의 반

若波羅蜜多故 心無罣碍 無罣碍故 無有
야 바 라 밀 다 고　심 무 가 애　무 가 애 고　무 유

恐怖 遠離顚倒夢想 究竟涅槃
공 포　원 리 전 도 몽 상　구 경 열 반

⑮
三世諸佛 依般若波羅蜜多故 得阿耨多
삼 세 제 불　의 반 야 바 라 밀 다 고　득 아 누 다

羅三藐三菩提
라 삼 먁 삼 보 리

72

몸의세계 뜻의세계 어디에도 안걸리오.

⑫

어두움도 벗어나고 벗어남도 벗어나고
늙고죽음 벗어나고 벗어남도 벗어나고

⑬

고집멸도 어디에도 걸려들지 아니하오.

⑭

지혜에도 안걸리고 이룸에도 안걸리고
이룸에도 안걸린단 생각조차 아니하여
모든보살 마하반야 바라밀에 의지하여
모든속박 벗어나고 모든공포 벗어나고
모든망상 벗어나서 구경열반 이루었오.

⑮

삼세제불 마하반야 바라밀에 의지하여
최고바른 깨달음을 온전하게 이루었오.

⑯

故知 般若波羅蜜多 是大神呪 是大明呪
고지 반야바라밀다 시대신주 시대명주

是無上呪 是無等等呪
시무상주 시무등등주

⑰

能除一切苦 眞實不虛
능제일체고 진실불허

⑱

故說 般若波羅蜜多呪 卽說呪曰
고설 반야바라밀다주 즉설주왈

⑲

揭諦 揭諦 波羅揭諦 波羅僧揭諦 菩提
아제 아제 바라아제 바라승아제 모지

娑婆訶」 (세번)
사 바 하

〈玄奘 漢文 譯 般若心經 終〉
현장 한문 역 반야심경 종

마하반야 바라밀은 참으로~ 신비진언

참으로~ 밝은진언 참으로~ 높은진언

무엇과도 비교할수 없이귀한 진언이오.

⑰

허망하지 아니하고 참으로~ 진실하여

모든고통 빠짐없이 없애주는 진언이오.

⑱

그리하여 마하반야 바라밀을 말합니다.

⑲

'가자가자 넘어가자 모두다가자 보리이루자'

'가떼가떼 빠라가떼 빠라상가떼 보리스와하'

(세번)

〈가사체 반야심경 끝〉

조계종 반야심경

①

관자재보살이 깊은 반야바라밀다를 행할
때, 오온이 공한 것을 비추어 보고 온갖
고통에서 건너느니라.

②

사리자여!

③

색이 공과 다르지 않고
공이 색과 다르지 않으며,
색이 곧 공이요 공이 곧 색이니,

④

수 상 행 식도 그러하니라.

⑤

사리자여!

가사체 반야심경

①

마하반야 바라밀을 깊이깊이 수행하여

오온모두 공함보고 모든고통 벗어나신

관세음~ 보살님이 말씀하시 었습니다.

②

사리불~ 장로님~ 사리불~ 장로님~

③

대상있음 공함있고 공함있음 대상있오.

대상없음 공함없고 공함없음 대상없오.

대상이곧 공함이고 공함이곧 대상이오.

④

느낌생각 행동인식 역시같다 할수있오.

⑤

사리불~ 장로님~ 사리불~ 장로님~

⑥

모든 법은 공하여

나지도 멸하지도 않으며,

더럽지도 깨끗하지도 않으며

늘지도 줄지도 않느니라.

⑦

그러므로 공 가운데는

⑧

색이 없고 수 상 행 식도 없으며,

⑨

안 이 비 설 신 의眼耳鼻舌身意도 없고,

⑩

색 성 향 미 촉 법色聲香味觸法도 없으며,

⑪

눈의 경계도 의식의 경계까지도 없고,

이세상의 모든것은 하나같이 공하다오.
생겨남과 없어짐에 걸려들지 아니하고
더러움과 깨끗함에 걸려들지 아니하고
늘어남과 줄어듦에 걸려들지 마십시오.

이리하여 공적함을 온전하게 이룩하면

어떤대상 어떤느낌 어떤생각 어떤행동
어떤인식 어디에도 걸려들지 아니하오.

눈과귀와 코혀몸뜻 어디에도 안걸리고

형상소리 냄새맛촉 현상에도 안걸리고

눈의세계 귀의세계 코의세계 혀의세계

⑫

무명도 무명이 다함까지도 없으며,

늙고 죽음도 늙고 죽음이 다함까지도 없고,

⑬

고 집 멸 도苦集滅道도 없으며

⑭

지혜도 얻음도 없느니라.

얻을 것이 없는 까닭에

보살은 반야바라밀다를 의지하므로,

마음에 걸림이 없고 걸림이 없으므로

두려움이 없어서, 뒤바뀐 헛된 생각을 멀리

떠나 완전한 열반에 들어가며,

⑮

삼세의 모든 부처님도 반야바라밀다를 의

지하므로 최상의 깨달음을 얻느니라.

몸의세계 뜻의세계 어디에도 안걸리오.

⑫

어두움도 벗어나고 벗어남도 벗어나고
늙고죽음 벗어나고 벗어남도 벗어나고

⑬

고집멸도 어디에도 걸려들지 아니하오.

⑭

지혜에도 안걸리고 이룸에도 안걸리고
이룸에도 안걸린단 생각조차 아니하여
모든보살 마하반야 바라밀에 의지하여
모든속박 벗어나고 모든공포 벗어나고
모든망상 벗어나서 구경열반 이루었오.

⑮

삼세제불 마하반야 바라밀에 의지하여
최고바른 깨달음을 온전하게 이루었오.

⑯

반야바라밀다는 가장 신비하고

밝은 주문이며 위없는 주문이며,

무엇과도 견줄 수 없는 주문이니,

⑰

온갖 괴로움을 없애고 진실하여

허망하지 않음을 알지니라.

⑱

이제 반야바라밀다주를 말하리라.

⑲

아제아제 바라아제 바라승아제

모지 사바하(3번)

〈조계종 반야심경 끝〉

⑯

마하반야 바라밀은 참으로~ 신비진언

참으로~ 밝은진언 참으로~ 높은진언

무엇과도 비교할수 없이귀한 진언이오.

⑰

허망하지 아니하고 참으로~ 진실하여

모든고통 빠짐없이 없애주는 진언이오.

⑱

그리하여 마하반야 바라밀을 말합니다.

⑲

'가자가자 넘어가자 모두다가자 보리이루자'

'가떼가떼 빠라가떼 빠라상가떼 보리스와하'

(세번)

〈가사체 반야심경 끝〉

법보시 회향문

이 경전(한글세대 관음경 · 한글세대 반야심경)은 1) 월 1만원씩 9년간, 2) 월 3만원씩 3년간, 3) 월 9만원씩 1년간, 4) 일시에 108만원을 약정해 주신

      1) 도일 스님(대구 성서 구룡사)

      2) 수보리 스님(제주시 애월읍 무착선원)

      3) 남봉연 보살님(대구 수성구 수성로)

      4) 이진우 거사님(대구 독송회)

      5) 민경희 거사님(서울 독송회)

의 108 후원회비와 많은 도반님들의 후원회비로 출간하였습니다. 이 인연 공덕으로 관세음 보살님의 무량 복을 누리시고, 속히 성불하옵소서.

법보시 동참 계좌

신한은행 110-354-890749

조현춘(가사체금강경독송회)

이 통장으로 입금되는 보시금은 전액 '지정법당 · 군법당 · 병원법당 · 교도소 등에의 법보시, 불교기관에의 보시'로만 사용합니다. 고맙습니다. 참으로 고맙습니다.

가사체 금강경 독송회

대심거사 조현춘 010-9512-5202 합장

◉ **무비無比 큰스님**(전 조계종 교육원장)은

부산 범어사에서 여환스님을 은사로 출가. 해인사 강원
졸업. 해인사·통도사 등 여러 선원에서 10여 년 동안 안
거. 오대산 월정사에서 탄허스님을 모시고 경전을 공부한
후 '탄허스님의 법맥을 이은 대강백'으로 통도사·범어사
강주, 조계종 승가대학원·동국역경원 원장 역임. 지금은
범어사 화엄전에 주석하시면서 후학을 지도하며 많은 집
필활동과 더불어 전국 각지의 법회에서 불자들의 마음 문
을 열어주고 있습니다. (다음 까페: 염화실)

◉ **대심大心거사 조현춘**(가사체 금강경 독송회)은

서울대학교 이장호 지도교수님의 권유로 '동서양 통합 상
담심리학'을 세우기 위해 금강경 공부 시작. 30여 년 교수
생활 중에 계속 '불교경전과 상담심리학'이라는 주제의
논문 발표. 한국동서정신과학회·법륜불자교수회·한국
정서행동장애아 교육학회·대한문학치료학회 등의 회장
역임. 지금은 화엄경과 화이트헤드 연구회 회장, 한국교
수불자연합회 자문위원으로 활동하고 있습니다.
(다음 까페: 가사체금강경)

한글세대 관음경·한글세대 반야심경

초판 1쇄 발행 불기 2564(서기 2020)년 1월 18일
공역 무비·조현춘 | 펴낸이 김시열
펴낸곳 도서출판 운주사
　　　　서울시 성북구 동소문로 67-1 성심빌딩 3층
　　　　전화 (02) 926-8361 | 팩스 0505-115-8361
ISBN 978-89-5746-586-8 03220
값 4,000원